yangmal gihoek

심장이 먼저 달려왔다
눈물은 자리를 잡고
언제든 뛰어내릴
준비를 한다

심장이 먼저 달려왔다
신승은 시집

시인의 말

꿈조차 달콤하기 어려운 날들이었다.
분노와 슬픔이 소화가 되지 않았다.
숨을 크게 쉬며 호흡을 이어갔다.
그만둘 수 없었다.
사랑때문이었다.

2024년 8월
신승은

차례

시인의 말   8

제1부 나에게 작은 가시가 있어

비보호 좌회전   14
해피 엔딩   17
너 ‖ 나   20
극기의 시간   22
알고 있었다.   24
또 하루   26
지각   29
가을 밤 이야기   30
각자의 기억   32
지연(遲延)   34
Y의 정원   36

제2부 겨우 맞은 아침

겨울의 문턱	42
경계에서	45
인사	47
기도	48
인간의	50
안부	51
머금	53
여기, 306호	55
엘리베이터 앞에서 시인을 만난 이야기	58
내가 나를	63
사물함	67
시 해설 ǀ 강진영	121

제1부
나에게 작은 가시가 있어

비보호 좌회전

몰랐다

빨간 불
파란 불
당신의 범위 안에서
난 오른발만 까닥까닥
핸들에 손을 슬쩍 얹고
눈을 감을 수도 있을 것 같았다

외진 길
좁은 길
당신이 버려둔 길로
들어갈수록

더 자주 나타나는 표지
- 비보호 좌회전

보호하지 않겠다는 선언

갈 테면 가보라는
당신의 말

한참을 쳐다보았다
한참을 노려보았다

좋다
당신의 입장이 그렇다면

내 뒤
내 뒤의 뒤
내 뒤의 뒤의 뒤

맞은 편
맞은 편의 뒤
맞은 편의 뒤의 뒤

우리가 하겠다

눈빛을 나누고
손짓을 하면서
서로를 보호하면서
서로의 안녕을 지켜주면서

핸들을 천천히 왼쪽으로 꺾는다

해피 엔딩

대나무를 심었다
충분히 물을 주어도
언제든 다시 마를 수 있는 곳을 찾아
정성스레 구멍을 파고
그늘을 만들어 주었다

봄이 되고
여름이 가고
가을이 흐르고
겨울이 내리고

나이테도 없는 대나무의
나이를 세며 기다렸다

넌 그 사이 변했을까?

헛된 기대는
헛되게 끝이 났다

대나무를
톱으로 쪼갠다
심줄을 끊고
굽고 다듬고
뽕나무로, 물소뿔로
잇고 다듬고

식지 못하는 분노로 단련한 살을
절대 끊어지지 않는 서러움의
줄에 건다

셋, 둘, 하나

숨을 멈추고
세상에서 가장 강한 탄력을 꿈꾸며
시위를 끝까지 당긴다

심장을 가졌지만
뛰지 않는 너를 향하여
우리의 하늘을 무너뜨리고도
용서를 빌지 않는
너를 위하여

너 ∥ 나

경계를 만난
파동의 선택

반사
또는 투과

너의 찬란한 빛은
당연한 듯 창을 통과하여
나에게 닿는다

우두커니 차가운
나의 것은
너도 나를 알아야 공평하다고
경계를 넘으려 애써보지만
네 안온함에 움찔하고
다시 나에게
반사

내가 선 곳은

여전히 어둡고
네가 있는 곳은
별수 없이 쨍하다

안과 밖을
수시로 넘나드는 너의
오만함을 견딜 수가 없어
너도 모르게······
너를

너 ‖   나
너 ‖   나
너 ‖   나
너 ‖   나
너 ‖   나
너 ‖   나
너 ‖

극기의 시간

언제 끝이 날까

시계를 바라보는 시선 끝에
자꾸 태극기가 걸린다

언제인가는
민족중흥의 역사적 사명을 띠고 이 땅에 태어났다고 하고
언제인가는
산업일꾼으로 나라를 일으킬 수 있다고 하고
언제는
시민으로 함께 사는 시대를 만들자 하고
이제는
자유와 공정의 실현을 볼 수 있다고 하는

그럴듯한 말들이 춤추는
교실의 한 가운데에서

앞자리 친구의 뒤통수를 사랑하지 못하고
연민과 공감마저

칼이 될까 무서워
뒤돌아보지도 못하며
어정쩡하게 앉아 있다

벼랑의 끝에서도 세차게 흔들리던
태극기의 설화가
귓가에 맴돌지만

한 줄로 늘어선 우리는
한 줄로 서는 법밖에 몰라
이리저리
눈동자만 굴려보는데

종이 울리고
어디로든 가고 싶어 일어나지만
어디로 갈지 몰라
각자 자기 자리에 앉는다
주저 앉는다[1]

---

[1] 황지우, 「새들도 세상을 뜨는구나」에서 인용

알고 있었다

너의 웃음이 바래지는 것을
알고 있었다

입을 열어 말하기 전에는
아무도 알 수 없는
고통의 크기

출구없는 방에서는
아픔을 나누면 배가 된다고
한 명 한 명
고개를 떨군다

내 목에
작은 가시가 있어.
시간이 지날수록 더 깊이 박히는 것 같아

끝나지 않을 것 같은
오늘의 내일이

심장을 죄고 있었다.

방향을 잃은 분주함 속
날 지키느라
너의 손을 잡을 순간이 미끄러지고

기회가 있을 줄 알았다
너와 나의 고통이 회포를 풀 날이
있을 줄 알았다

너의 빛이
부서지는 것을
알고 있었고

이젠
고개를 들 수 없다

눈물, 흐르지도 못하고

또 하루

잠시 잊고 있었어

고막을 툭툭 치는
알람에 벌떡 일어나 세수를 하고
오늘도 막히겠지
뛰어나왔어

진하고 쓴 커피를 마셔야
정신이 번쩍 나지
그게 인생이지

잠시 잊을 수 있었어

'나'와 '내'가 가득한 사무실에
수습되지 못한 나를 남겨두고
반쪽자리 그림자를 달고 터덜터덜

잠시

잊고 있었어

한숨 돌려볼까……

틈새를 비집고 들려오는
에피소드들은 매번
나를 헤집고
누르고

깜빡
깜빡
공포도 계속되면 눈이 감겨

어쩌면 그게 가장 무서운 이야기

인과관계 없이 악역만 가득한 영화의
소리 없는 종영처럼
사라질 너를 기다려

끝나는 것만이 아름다운
이 드라마의
조기종영

지각

영하 14도가 되어서야
귀를 의식한다.
이대로 얼어서 떨어져 나갈 것 같아

잘 사는 줄 알았다
견딜 수 있는 줄 알았다
단단하게
곧게

영하 14도가 되니
어깨가 펴지지 않는다
피가 천천히 흐른다

영하 16도의 시간

따뜻한 손을 잡고 싶다는 생각이 이제야 든다

너무 늦었다

가을 밤 이야기

여행 첫 날
언니와 아빠가 탄 차가
사고가 났다는 소식에
달려 나갔다

도랑에 뒷바퀴가 빠져있고,
무게중심을 잡겠다고 차에서 내리지 않는 언니를
위험하다며 소리쳐
겨우 내리게 하셨다는 아빠

낯선 차 주위를 계속 맴돌던 고양이들

유기 고양이 열세 마리를 키우시는 아주머니가
주신 생강차와 커피의 온기

견인차가 차를 당기는 수초 간
우리들의 호흡이 멈췄다

드릉드릉드릉
차가 움직이고
견인차의 불빛이 빛났다

감나무 밑에서
인사를 나누고 다들 자기 자리로

위로와 걱정도
미소와 웃음도
호들갑스럽지 않았다

하루가 지나기도 전에
추억이 되어버린
한 번도 없을 것만 같은
밤이었다

각자의 기억

공기가 차고 축축해지더니
비가 내린다

맺힌 빗방울과
떨어진 빗방울은
아직 더 갈 곳이 있는 것과
바닥에 닿은 것의 차이

중력을 고스란히 드러내는 단면의 쓸쓸함

길옆 가로등은
빗방울에 따라 달라지고
원래의 것은 오히려 희미해진다

어디에 떨어지는가
얼만큼의 속도로, 부피로 떨어지는가가
이들의 중대사

누가 닦거나
스스로 말라가기 전엔 고스란히 담겨 있는
각자의 기억

지연(遲延)

모르겠어?

이해받고 싶은 건지
미지로 남고 싶은 건지

불쑥불쑥
천진하게 묻는 너

모른다고 하는 게 좋은지
아는 것에 대해 이야기해야 하는지

모르겠다

확인받고 싶은 너에게
확인해 주고 싶지 않아
쉽게 안심하게 하고 싶지 않아

다음 이야기로 넘어가고 싶은 거라면

넘어가 주지 않을래

글쎄…… 더 말해 봐

Y의 정원

마당 한쪽에
모란꽃이 피고
고개를 젖혀야 보이는 감나무에
가을이면 주렁주렁 감이 열렸고,
어김없이
까치밥을 남기며
남기며
남기던 시절

그날의 풍파는
Y의 정원을
바람답게 날리고
파도답게 덮쳤다

보란 듯이
남김없이

바람은 잦아들었지만

여전히 밀려오는 파도를 보며
버리지 않겠다고
버려지지 않겠다고
말했다

열다섯 평
작은 방에서
너의 정원을 보았다

감나무는 이국 땅의 낯선 풀로
작아졌고
우물은 생수병이 되어
우두커니
서 있다

뜨겁게
뜰을 달구던 태양은
어느덧 하얀 백열등으로

구석구석을 간지럽히던
물색 좋은 바람은
창백한 네 개의 날개에서
겨우겨우
시작된다

구르고
마르고
작아져
멈춘
낯선 풍경

눈에 띄지 않으리
아무도 해치지 못하게

꽁꽁 싸매고
단단하게 닫힌
고요한

세상의 구석

살아남아서
다시
숨을 쉬는
Y의 정원

제2부
겨우 맞은 아침

겨울의 문턱

조심스레
움찔움찔
두리번거리다가

손바닥을 펼쳐
하늘을 향하더니

물기를 잃고
툭툭
떨어져
이내

움츠린 채
여기저기

한 번의 삶으로
충분하다는

더 높이 갈 수도 있었어
포기를 모르던

가위를 피해
용케 살아남았는데
말문이 막힌

저마다의
속도로
날았다 떨어지고

그러다 보니
어느덧
한 뭉퉁이

이 계절도 지날 수 있을까?
꼭 지나야 해?

바스락
바스락
속삭이다가

어둑해질 때까지
최선을 다해 놀던
동네 꼬마들처럼
차가워진 바람의 끝을 타고
이리
저리
몰려다닌다

겨울의 문턱 앞에서

경계에서

심장이 먼저
달려 왔다

눈물은 자리를 잡고
언제든 뛰어내릴
준비를 한다

잠깐만 기다려

응급실 앞
불안의 강은
나를
삼켰다 뱉고
다시 삼키고

"너희와 백 년, 이백 년
살고 싶어"

말이 닿은 곳에서
흔들림이 멈춘다

모든 가능성과
모든 불확실성과
모든 미결정의 상태가
나를 그에게 보낸다

무릎으로 걷는 방법은 배울 필요가 없다

조아린 머리와
둥그렇게 말린 등과
모아쥔 손

한참을 그렇게 있었다

인사

밤이 갈아져
겨우 맞은 아침

잠과 잠 사이
어디 쯤에서

비관과 낙관을
수십 번을 왕복하다

세상에서 가장 무거운
눈꺼풀을 들어올리며
어제가 지난 걸 알게 됐다

전화벨이 울리지 않았다

밤새 안녕

기도

내가 새운 수많은 밤은
부질없었다
끝도 없이 이어지는 계산식은
밤을 넘었고
천지를 돌아 찾은 이야기는
남의 것이었다

앉은 자리가
파이고 파였고
결정은 쉽지 않았다

불안과
두려움과
공포가
꼴사납게 몰려다니고

가혹한 바람은
나를 비껴가지 않았다

비합리로 무장한
설득의 시간

나의 모든 결정은 틀렸다
어떤 결정이든 나는 글렀다

한 뼘도 움직이지 못한 채
운명에 깔려
소리친다

작고 약한 이를 돌보소서

인간의

생
가장 큰 기쁨
주인공만 모름

로
서서히 올라갔다가
급히 떨어지는 연속선의 어디쯤

병
피할 수 있다면
최선을 다해 보겠지만

사
더 이상 공평할 수 있을까?
모두의
끝의
끝

안부

어떻게 지내니
묻는 너에게

괜찮아
말하고 싶은데

사탕같이 달콤한
안심을
주고 싶은데

입 안에서 맴돌다가
덩어리 채
꿀꺽

괜찮아
라고 말하면
괜찮아
지는 마법에 걸려

너도
나도
숲도
바다도
괜찮아지면 좋겠는데

조심스레 묻는 네게
말할 수 있을까

하늘이 돌이 되고
담이 벽이 되고
심장이 유리가 되고 있다고

머금

삼키지도
뱉지도
못하고
오물오물

한껏 뭉개져
뜨겁지도 차갑지도 않아져
처음의 것을 잃어가는데

그런데도
너는
    계속
        너

난 무엇을 바라
한 걸음 양보도 없이 버티는 너를
입안 가득 담고 있는 걸까

망설임의 시간이 끝나간다

항복
이번엔 네가 이겼다

퉤

여기, 306호

"엄마, 눈이 어디에요?"
"눈"
"아니, 따라 말하는 게 아니라 짚어보시라구요!"
……
"맞아요! 엄마! 잘했어요!"
어머니께서 나아지셨나보다.
좋겠다. 그리고 다행이다.

"어르신, 오늘은 꼭 다 먹어야 해요."
"맛이 없어."
"이건 영양제 넣은 것이어서 꼭 드셔야 해요. 안 그러면 따님이 속상해하세요."
"그만 먹을래."
할머니, 힘드시겠지만 조금씩 드셔야 해요.
간병인 여사님이 진심으로 할머니를 위하시네- 고마운 일

"보험금 타려면 입퇴원 확인서 필요하대."

"뭐 그렇게 필요한 게 많아?"
"원무과나 같이 가보자."
부부가 하루 종일 같이 있는데도 싸우시질 않다니! 기적이다
아주머니께서 걸으시고 말씀도 하시니 금방 나으시겠다

네 개의 침상
여덟 명의 우주
재활 병동
306호

"엄마! 엄마! 엄마! 눈을 떠요!"
항생제조차 견디기 힘든
엄마의 눈꺼풀을 들고 싶은
내 목소리도
커튼을 넘겠지

안 들리는 척하지만

다들 듣고 계시겠지

"응."
엄마의 작은 대답에
같이 안도의 숨을 쉬시겠지

사소한 비밀 하나 지켜지지 않는
작은 섬

여기, 306호

엘리베이터 앞에서 시인을 만난 이야기

저 끝에서
시인이 걸어온다

곱슬머리 시인의
굵은 웨이브에서
넘실넘실
햇살이
흘러 나온다

응시하는
작은 눈
말과 의미 사이
살짝 다문 입술

긴 목은
흔들리면서도
꽤나 곧고 단정하다

휘적휘적
걷는 발끝에선
보랏빛 패랭이꽃이 꼼지락거린다.

30도
기울어진 어깨를 타고
허무과 욕망은 미끄러지고,
10년 넘게 입은 듯한
갈색 재킷에선
풀냄새와
막걸리 냄새가
서늘하게 배어 있다

드디어
시인이 옆에 섰다.

작은 무대에 선 듯
두근두근

뭐라도 하고 싶어
힐끗
눈을 맞춰본다.

너가 누구든 상관없이
소중하고 사랑스러워
삶이 너를 속일지라도
슬퍼하거나 노여워하지마

시선의 따뜻함이 내게
고스란히 닿는다

4층에서 1층까지 내려오는
이 순간을
놓치면 안 된다

두근두근

용기를 낸다
"시는 어떻게 써야할까요?"

시인이 말한다.
"열심히 쓰는 거죠. 힘들어도 계속 써야해요"

아……
아!

시인의 비법을 귀에 꽂은 채
빙그르르
돌아 버튼을 누르는데
웃음이 나온다

별거 아닌 게 별거였네

어느새
시인과 함께
날아오른다.

내가 나를

문을 열고 들어갔다
내가 누워있다

내가 나를 돌보는 일

라벤더 오일을 발등에 바르고
몸의 구석구석
비정상의 싹을 찾는다
조금도 자라기 전에
잘라야 해

색색의 야채를 갈아
최적의 온도로
오늘을 준비한다

크게 눈을 뜨고
나를 보는 나에게
아프지 않냐고 물어본다

아프다고 하지만 참을 수 있다고

누워있는 나는
분주하게
이리저리
오고가는 나를 본다

점점 커지고, 기형이 되는
그 모습이 불쌍해서
눈을 감는다
허리를 굽혀 나를 살피는
그 일을 멈추길 바란다

나는 꽤 오래 아팠다

말을 했지만
말을 하지 않았지만

들었지만
난 듣지 않았다

아픈 것이
바위가 되어 나를 덮쳤을 때
그제서야
내가 나를 본다
내가 나를 듣는다

문을 열고 들어오는
내가 반갑다

세상에서 가장 따뜻한 눈빛을 하고
다가오는 나를 본다

나는 내가 가엽고
나는 나를 돌보고
나는 나를 사랑한다

해가 뜨는 것만큼 자연스럽고
해가 지는 것만큼 아련하다

사물함

사물함에 자물쇠가 사라졌다

3층의 사물함
육면체 속
비밀의 공간은
매일의 날들로
빼곡했다

보잘 것 없는 성적표
땀내 꼬질꼬질한 체육복
삐뚤빼뚤
아무렇게든 써 넣었던 책들

가끔
잃어버린 학습지가 부활했고
못다한 고백이 구석에서 숨 쉬고 있었다

찢어지면 찢어진 대로

구겨지면 구겨진 대로

무엇을 지키고
어떤 것을 잃으면 안 되는지

측정불가의 세상

지킬 것도
잃을 것도 없는 아이들은
이제 사물함을 잠그지 않는다

손바닥 위
비밀스런 노출의 무대
시선의 광장으로
소중한 것을 옮겨간 이들의
뒷모습을 보며
멀뚱히 서 있는

잠기지 않아서
열리지도 않는
사물함은

이제
무엇이 될 수 있을까

심장이 먼저 달려왔다
눈물은 자리를 잡고
언제든 뛰어내릴
준비를 한다

심장이 먼저 달려왔다
눈물은 자리를 잡고
언제든 뛰어내릴
준비를 한다

국물은 자리를 잡히고 앉아서 해내일 수레를 한다

신승은 그림시

차례

비보호 좌회전	76
해피 엔딩	78
너 ‖ 나	80
극기의 시간	82
알고 있었다.	84
또 하루	86
가을 밤 이야기	88
각자의 기억	90
지연(遲延)	92
지각	94
Y의 정원	96

겨울의 문턱	98
인사	100
경계에서	102
기도	104
안부	106
머금	108
인간의	110
여기, 306호	112
엘리베이터 앞에서 시인을 만난 이야기	114
내가 나를	116
사물함	118
그림시 해설 l 윤정은	144
그림을 쓰다	146

비보호 좌회전

세상에서 가장 강한 탄력을 구

해피엔딩

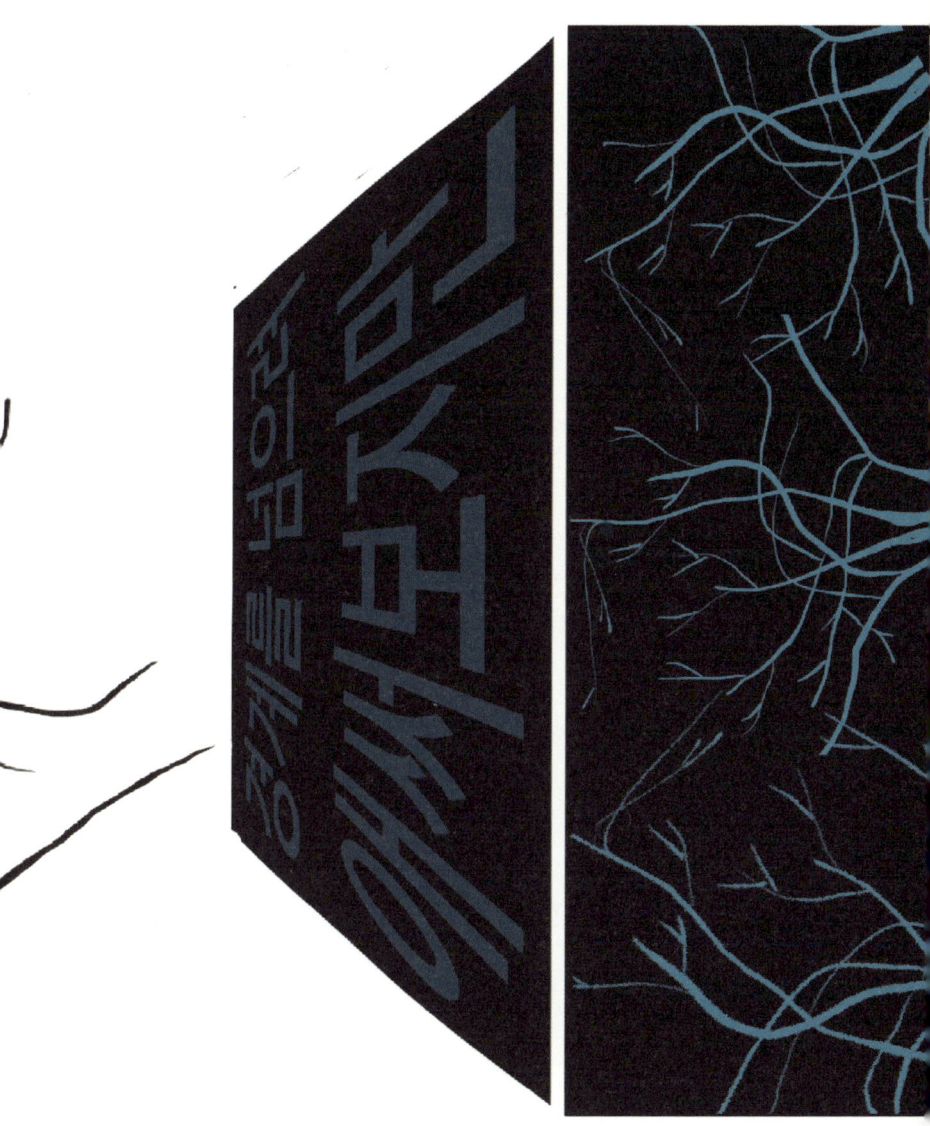

극기의 시간

연민과 혐오가 같이 될까 무서워

알고 있었다

또 하루

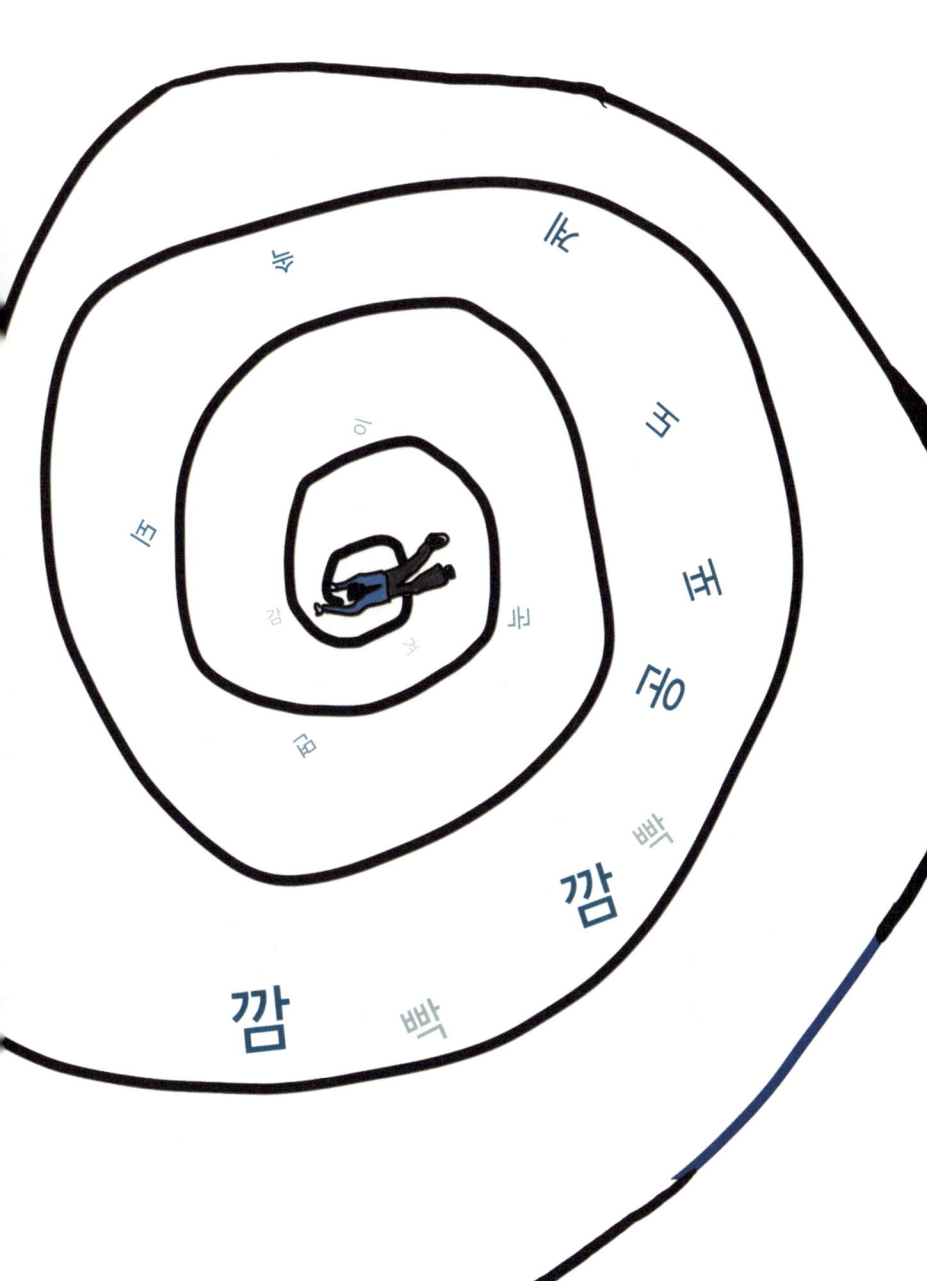

가을밤 이야기

각자의 기억

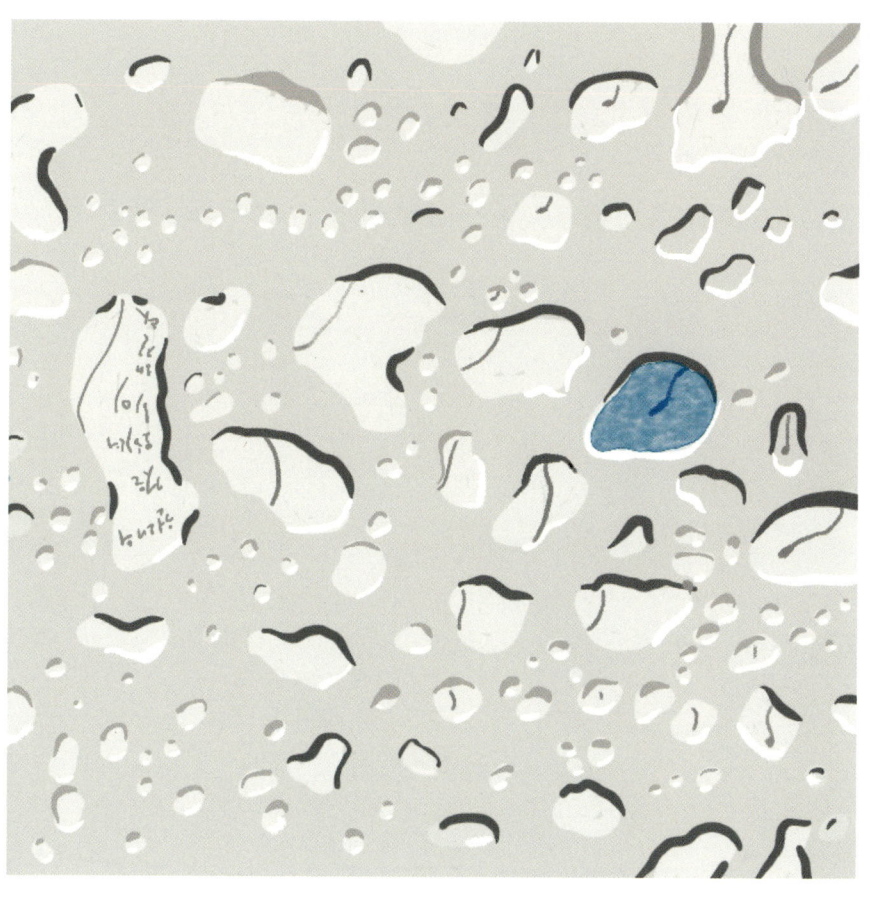

지연(遲延)

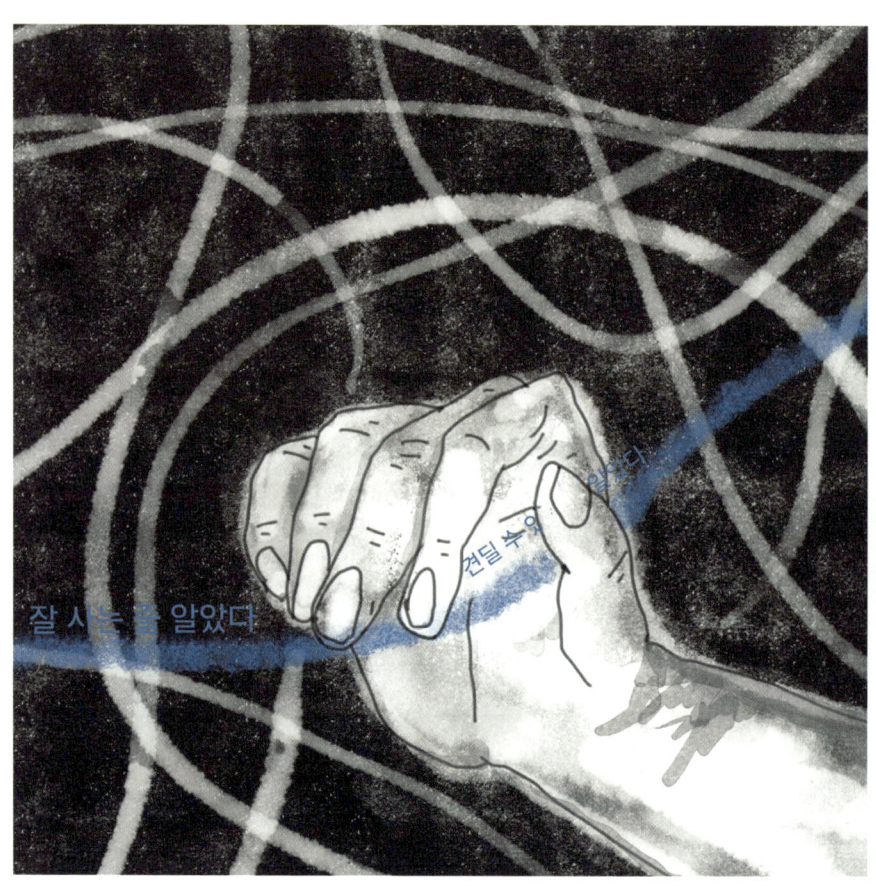

지각(知覺)

Y의 정원

겨울의 문턱

인사

경계에서

기도

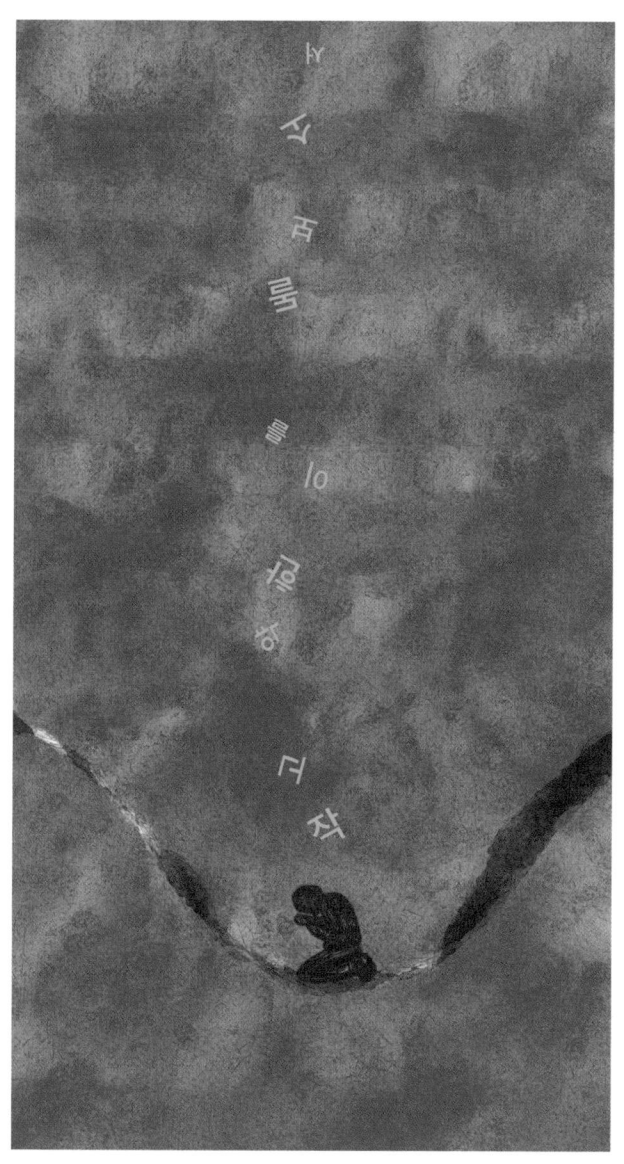

안부

입안에서 맴돌다가
덩어리 채
꿀꺽

괜찮아
말하고 싶은데

그런데도

너늘

계속

너

머금

인간의

여기, 306호

엘리베이터 앞에서 시인을 만난 이야기

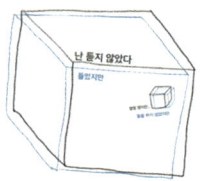

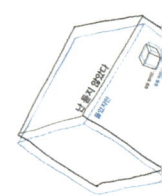

내가 나를

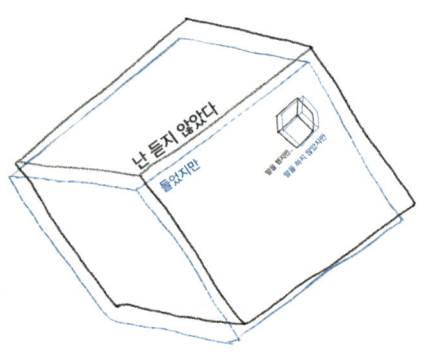

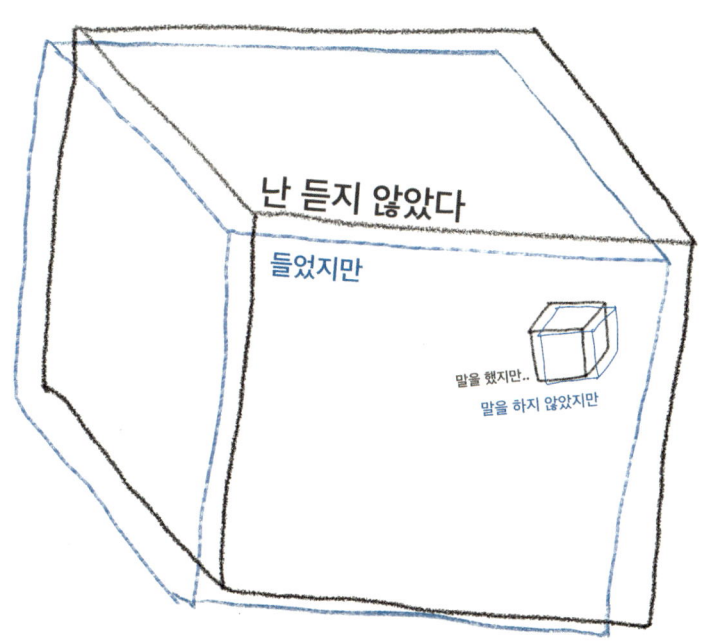

난 듣지 않았다

들었지만

말을 했지만..

말을 하지 않았지만

사물함

| 해설 |

하강의 순간, 날아오르다.

강진영

"내가 팔십 년 넘게 살면서 처음이야."

2020년 8월, 1939년생인 어느 할머니께서 하신 말씀이다. 코로나19로 두 번의 명절, 한 번의 생신, 한 번의 제사까지 넘어간 후에야 가족과 대면했다. 팔십 년을 공고히 쌓아온 개인의 일상이, 삶이 막혔다. 시대가 일상을 침투한 시간이었다. 특정 시대는 개인의 인생에 구멍을 뚫고, 공백을 만들었다.

"역사는 쉽게 후퇴하지 않을 것이며, 시스템까지 붕괴되는 일은 없을 거예요."

2022년 6월, 1959년생인 어느 작가가 한 말이다. 이 말에 은근히 기대어 지냈다. 우리가 다져온 현대사가 그렇게 쉽게 흔들리지 않을 거라고 되뇌어 보지만, 『동물농장』(조지오웰)에 등장하는 돼지들의 각성이 떠오르는 것을 막을 수 없었다. '모든 동물은 평등하다.'라는 구호가 납득이 되지 않는 시간들, '어떤 동물들은 다른 동물들보다 더 평등하다.'가 불쑥불쑥 솟아나는 시간이 계속되었다. 개인이 인생을 살아야 하는데, 사회가 질감을 가지고 에워쌌다. 체감이다. 개인이 사회를 체감하는 데에는 불안, 위험, 음울, 그리고 분노 등의 단어를 동반한다.

"엄마, 아프지 마요."
2023년 9월, 병원 중환자실에서 시인의 어머니께 시인이 들려드린 노래이다. 누구나 겪지만, 누구도 극복하기 힘든 고통의 시간이 시인에게도 왔다. 인간으로서의 한계, 그 절대적 한계는 이전의 삶에서 경험했던 모든 고통을 가뿐히 압도했다. 시인의 일상에 거대한 한계가 충돌했다. 터지고, 부서지고, 타다 타다 재가 되는 시간이 시인의 삶이 되었다.

시집 『심장이 먼저 달려왔다』는 하강의 시간에서 시작된다. 제1부 '나에게 작은 가시가 있어'는 시인이 사회 구성원으로서 부딪는 현실에서 시작하고 제2부 '겨우 맞은 아침'은 인간으로서 맞닥뜨리는 한계에서 시작한다. 시어들에 켜켜이 쌓여 있는 분노는 팽팽하고 슬픔은 처절하다. 그럼에도 시는 어둡거나 답답하거나 무겁지 않다. 시인의 목소리가 더해질수록 분노와 슬픔은 휘발되고 그 자리에 오히려 사랑만이 각인되어 있다. 현실에 대한 분노와 인간으로서의 슬픔으로 메워진 활자에서 어떻게 사랑만이 남을 수 있을까? 하강의 순간을 전복한 힘은 무엇인가?

제1부 나에게 작은 가시가 있어

시집 『심장이 먼저 달려왔다』가 기반으로 하는 첫 번째 힘은 지금, 여기서 응시(凝視)하는 눈이다. 응시는 버티기이다. 어떤 상황에도 도망가지 않고, 시선을 떼지 않으며 꿈쩍도 하지 않는다. 섣불리 뒤로 물러서거나, 서둘러 슬퍼하지 않는다. 「비보호 좌회전」은 응시(凝視)가 시의 중심부가 되어 상황을 전복한다. 그 힘으로 시집 『심장이 먼저 달려왔다』의 포문을 연다.

몰랐다.
「비보호 좌회전」 부분

시인은 무지를 인식함으로써 역설적으로 무지의 시간을 종료한다. 첫 행은 첫 연을 차지할 만큼 단호하다. 단호함은 후회나 좌절이 아닌, 인식과 종료를 드러낸다. 여기서 시인이 인식한 것은 '당신'의 정체이다.

외진 길
좁은 길
당신이 버려둔 길로
들어갈수록

>   더 자주 나타나는 표지
>   -비보호 좌회전
>
>   보호하지 않겠다는 선언
>   갈테면 가보라는
>   당신의 말
>
>   「비보호 좌회전」 부분

 '당신'은 신호체계를 조정할 수 있고, 보호의 범위를 결정할 수 있는 자이다. 그리고 '당신'은 자신에게 부여된 '권력'을 자신의 '능력'으로 활용하고 있는 자이다. '비보호 좌회전' 표지는 권력자에 따라 다른 메시지를 뿜어낸다. '필요할 때에 주체적으로 판단해서 좌회전을 하시오'라는 시민의식을 강조한 표현이거나 '좌회전하는 자는 나의 보호안에 있지 않으니 갈테면 가보라'는 과시하는 권력의 억압적 표현으로 읽힐 수 있다. 시인은 '비보호 좌회전' 표지에서 후자를 보았다. 본 것은 인식이고, 인식에 따라 어떤 입장을 취하느냐는 철학과 사상이다. 이에 따라 우리는 다른 삶을 선택하고 살게 될 것이다. 시인은 억압적 체계를 인식하고, 응시한다. 응시(凝視)만으로도 충분히 결단에 다다른다. 그리고 내뱉은 놀라운 한마디.

>   좋다
>
>   「비보호 좌회전」 부분

'좋다'는 긍정이자 수용이다. 그렇다면 '당신'을 긍정하고 시원하게 받아들인 것인가? 당연히 그렇지 않다. '좋다'는 지금 딛고 있는 현실을 자신의 짐으로, 자신의 인생으로 호쾌하게 모조리 받아들이겠다는 선포이다. 시인의 응시는 날카로울 뿐만 아니라 단단하다. 따라서 선포는 곧 행동으로 이어질 것이다.

「각자의 기억」과 「알고 있었다」에서 응시는 각각 자연법칙과 몸의 감각으로 표출된다.

> 비오는 11월
> 차고 축축한 공기
> 빗방울이 떨어진다
> 　　　　　　　　　　　　　　　「각자의 기억」 부분

> 길옆 가로등은
> 빗방울에 따라 달라지고
> 원래의 것은 오히려 희미해진다.
>
> 어디에 떨어지는가
> 얼마큼의 속도로, 부피로 떨어지는가가 이들의 중대사
> 　　　　　　　　　　　　　　　「각자의 기억」 부분

> -내 목에
> 작은 가시가 있어.
> 시간이 지날수록 더 깊이 박히는 것 같아
> 　　　　　　　　　　　　　　　「알고 있었다」 부분

모두 떨어진다. 하강의 이미지는 쓸쓸하고 허무하다. 시인이 응시하는 것은 떨어짐이다. 그러나 하강 자체에서 허우적거리지 않고, 자신만의 시선과 본능으로 '선택'을 찾아낼 뿐이다. 하강은 필연이지만, 어떻게 살 것인가는 선택이다. 빗방울에게 장소, 속도, 부피는 각자 의지를 가지고 선택할 수 있는 영역이다. 심지어 이 의지를 함부로 보면 안 된다. 이것은 삶을 만들고, 기억할 만한 중대사를 머금게 하기 때문이다. 우린 모두 각자의 기억을 가진 유일한 존재다. 그러니 쓸쓸하게만 허무하게만 보지 말라. 아무도 함부로 할 수 없는, 대단한 존재임을 기억하라. 우리가 결심하면 거대한 철조물까지 희미하게 해 줄 만큼 대단한 존재이다.(「각자의 기억」)

「알고 있었다」에서는 눈엣가시를 넘어선 '가시'를 몸의 감각으로 응시한다. '가시'는 목에 걸려 있다. 목에 걸린 '가시'는 보이지 않지만, 삶의 질을 떨어뜨릴 만큼 고통스럽다. 처음에는 약간 불편한가 싶었다. 그리고 거슬림이 지속되고, 켁켁거리며 소심하게 저항하는 시간을 지난다. 지금은 중증으로 심각하게 치달아가는 중이다. 이러다 치명상에 이를 수도 있다. 뱉어내거나, 삼켜야 이 고통이 끝난다. 그러나 '가시'는 뱉어지지도 삼켜지지도 않은 채, 더 깊이 목을 찌르고 있다.(「알고 있었다」)

시집 『심장이 먼저 달려왔다』가 기반으로 하는 두 번째 힘은 용감한 손이다. 용기(勇氣)에 반드시 뒤따르는 단어는 옳음과 위험이다. 옳음에 위험이 없다면 용기는 나설 필요가 없다. 위험하지만 옳음이 없다면 객기를 넘기 어렵다. 시인의 시는 두려움을 이겨내고 옳음을 실천하려는 용기가, 시인의 용감한 손이 여기저기 도사리고 있다.

    눈빛을 나누고
    손짓을 하면서
    서로를 보호하면서
    서로의 안녕을 지켜주면서

    핸들을 천천히 왼쪽으로 꺾는다.
                         「비보호 좌회전」 부분

    셋, 둘, 하나
    숨을 멈추고
    세상에서 가장 강한 탄력을 꿈꾸며
    시위를 끝까지 당긴다
                             「해피 엔딩」 부분

    깜빡
    깜빡
    공포도 계속되면 눈이 감겨

    인과관계 없는, 악역만 가득한 영화의
    소리없는 종영처럼
    사라질 너를 기다려
    끝나는 것만이 아름다운

이 드라마의
조기종영

「또 하루」 부분

  시인은 한 치의 망설임도 없이 자신만의 방식으로 핸들을 왼쪽으로 꺾는다. '당신'이라는 억압적 체계에 대해 도전하는데 긴 설명이나 이유는 필요하지 않았기 때문일 것이다. 시인의 시 어느 곳에도 회피는 없다. 안주(安住)도, 만족도 없다. 피하고 싶고 부끄러운 모습일지라도 인정하고 거기서 출발하여 나은 방향을 추구한다. 용기를 가지고 도전에 대한 결단을 내린다. 이것에 오랜 시간이 걸리지도, 멋을 부려 포장하지도 않는다.(「비보호 좌회전」) 시간이 흘러가도 억압적 상황은 변하지 않는다. 그러나 좌절하거나 포기하지 않는다. 헛된 기대를 했던 자신을 인정하고 그 끝을 다시 선포한다. 그리고 결연하게 도전을 준비한다. 호흡과 눈빛까지 매우 팽팽하다.(「해피 엔딩」) 좀처럼 나아질 것 같지 않은 현실에 지치기도 하고 겁이 나기도 한다. 이쯤에서 슬쩍 발을 빼고 모른 척할 수도 있다. 그러나 시인은 자신의 지금, 여기를 벗어나지 않는다. 힘들어도 지겨워도 무서워도 여기서 견디는 사람이다. 시인은 살아내야 하는 일상을 지키며 살아간다. 그냥 살아만 내도 대단한데 끊임없이 자신의 무감각과 무기력함을 경계하며 현실을 되뇌이고 다시 한번 마음을 가다듬는다. 이렇게 부지런히 자신의 암흑을 발견하고, 극복하는 시인을 멈출 수 있는 자는 없다. 끝까지 머무르는 자가 가장 무섭다.(「또 하루」)

시인의 용기는 마음 속 상태를 벗어나 도발을 감행하는 모습으로 드러나기도 한다.

우두커니 차가운
나의 것은
너도 나를 알아야 공평하다고
「너∥나」 부분

모르겠어?
「지연」 부분

다음 이야기로 넘어가고 싶은 거라면
넘어가 주지 않을래.

글쎄....... 더 말해 봐.
「지연」 부분

대치 전선이다. 권력자인 '너'는 빛이자 온 세상에 영향을 미치고 있다. 억압적 권력의 양태는 오만하고 무례하다. 그에 반해 '나'는 맥없이 차가운 방에 있는 처지이다. 심지어 나의 '방'에는 너라는 '빛'이 영향을 미칠 수 있는 창도 있다. 빛은 빛의 마음대로 나의 창을 투과한다. 상황은 몹시 어렵고 힘들고 좌절스럽다. 시인에게 매우 불리하다. 그럼에도 여기서 시인은 상상도 하지 못했던 단어를 논한다. '공평함'이라니! 더하여 '너'가 '나'를 투과하려 한다면 '나'도 '너'를 투과해보겠다며 애쓰기까지 한다. 억압적 권력이 원하는 대로 그 테두리 안에서 살아줄 생각이 없다. 이쯤 되면 '나'를 설득할 수 없다. 계란으로 바위치기라거나 현실적이고 합리적으로 미래를 보라는 말은 그저 빈약한 문장일 뿐이다. 시인은 살짝 움찔할 수는 있어도 '너'를 견뎌줄 생각이 없다. '나'는 '너'와는 반대 방향으로 시선까지 뒤집고 방향을 바꾼다. 주체적으로 씩씩하게 멀어져 간다. 아마도 반대 방향으로 가는 '나'는 새로운 땅에서 무엇을 계획하고 있을 것이다. 아니 분명하다. (「너‖나」) '너'는 '모르겠어?'라는 말로 나를 자극한다. 이는 나의 이해가 부족하다면 더 설명해줄 기세이며, 혹은 무언가 더 많은 의미가 있으니 추측하라는 채근이다. 시인은 '너'가 원하는 답을 주지 않을 생각이다. 이것은 밀당과는 다르다. 나의 이해가 부족한 것이 아니라 너의 말이, 너의 논리가, 너의 행동이 아직 충분치 않음을 지연을 통해 드러내고 있다. 쉽게 섣불리 서둘러 반성하지 말자. (「지연」)

　시집 『심장이 먼저 달려왔다』가 기반으로 하는 세 번째 힘은 함께 하는 '품'이다. 하강의 순간에서 가장 큰 도약을 이루는 지점은 항상 '우리'가 만들어지는 장면이다.

>   날 지키느라
>   너의 손을 잡을 순간이 미끄러지고
> 「알고 있었다」 부분

    다른 사람의 고통과 다른 사람의 부서짐을 감각한다. 감각 이후, 시인은 더 이상 자신의 고통을 서술하지 않는다. 이제 시인에게 고통은 다른 사람의 손을 잡아주지 못한 것이다. 시인의 감각은 다른 사람의 고통을 인식하는 방향으로 확장하고 있다. 공감과 연대의 순간을 시각과 촉각으로 시인은 '알게' 되었다. 이 순간은 또한, 시인이 바라보는 대상, '너'라는 시어에 억압적 권력자가 아닌 다른 대상이 등장하는 순간이다. 아프고 메말라가는 사람이 '나'만이 아니라는 것을 느낀 순간, 다른 사람의 고통, 시대의 고통을 통째로 자신의 것으로 받아들인다. 시인은 나와 너, 공감하는 우리가 있음을 느낀다.

>   여행 첫 날
>   언니와 아빠가 탄 차가
>   사고가 났다는 소식에
>   달려 나갔다.
>
>   도랑에 뒷바퀴가 빠져있고,
>   무게중심을 잡겠다고 차에서 내리지 않는 언니를
>   위험하다고 소리쳐
>   겨우 내리게 하셨다는 아빠
>   낯선 차 주위를 계속 맴돌던 고양이들

> 유기 고양이 열 세 마리를 키우시는 아주머니가
> 주신 생강차와 커피의 온기.
> 「가을 밤 이야기」 부분

　사고가 났는데도 안전하고, 소리를 치는데도 따뜻하다. 나의 위험보다 우리 공간의 안정을 위해 무게중심을 지키려는 언니의 책임감, 우리의 위험보다 너의 안위(安位)가 더 소중한 아빠의 사랑, 말이 통하지 않아도 위험을 감지한 고양이의 본능, 커피를 못 마시는 혹은 안 마시는 사람일 수도 있으니 가장 적절한 음료를 고민했을 아주머니의 온정, 아무런 도움을 주지 못할 걸 알면서도 달려 나간 시인의 무모함까지……사고와 위험에 대처하는 우리의 자세가 들어 있다. 누구도 탓하지 않고, 누구도 자신의 고통만을 토로하지 않고, 누구 하나 자신의 공을 치사(致辭)하지 않는다. 보기 힘든 장면이다. 함께 공동체를 이루어 살아가는 것은 책임감, 사랑, 온정, 본능, 그리고 무조건 함께하는 무모함이라는 것. 뭉클한 꿈이다.

> 마당 한쪽에
> 모란꽃이 피고
> 고개를 젖혀야 보이는 감나무에
> 가을이면 주렁주렁 감이 열렸고,
> 어김없이
> 까치밥을 남기며

남기며
남기던 시절

「Y의 정원」 부분

 시를 여는 첫 시어, '마당'은 사유지이지만 열린 공간이다. 마당은 사람들이 모여 놀 수 있을 만한 넓이로 닦아 놓은 단단하고 평평한 땅을 사전적 의미로 가진다. 마당은 본질적으로 공동체를 품고 있다. 이는 많은 사람들이 모여 자유롭게 이용하는 도시 속 개방 공간, 광장과는 차이가 있다. 마당은 풍요와 돌봄 즉, 안전한 '품'의 공간으로 그려진다. '마당'을 가져본 적이 없는 사람들도 '여긴 내 앞마당이지'라는 관용구를 이해하듯, 자신이 친숙하고 안전하게 느끼는, 마음 편안한 공간으로 '마당'을 인식한다. 첫 시어 '마당'은 순식간에 여럿이 모여 걱정 없이 뛰놀던 공간으로, 그때의 시간으로 우리를 데려다 놓는다. 시인은 마당을 묘사하는 것으로 서로를 돌보는 따뜻하고 풍성한 공동체의 모습을 노래하고 있다.

그날의 풍파는
Y의 정원을
바람답게 날리고
파도답게 덮쳤다

보란 듯이
남김없이

「Y의 정원」 부분

그러나 '마당'은 '남기던' 시절이다. 이는 회상이다. 현실에는 마당이 존재하지 않는다. 따뜻하고 안전하며 풍요로운 돌봄의 품이 사라졌다. '품'이 사라지고 바람과 파도가 끊임없이 밀려오고 있다. 시인은 잠시나마 몸을 숨겨 피할 곳도 없이 황량한 곳에 놓여 있다. 마당의 품에 있었던 1연이 환상이나 허상으로 느껴질 만큼, 냉혹한 연들이 펼쳐진다.

    바람은 잦아들었지만
    여전히 밀려오는 파도를 보며
    버리지 않겠다고
    버려지지 않겠다고
    말했다
                              「Y의 정원」 부분

풍파 혹은 억압적 권력에 의한 시련들은 시인에게 위력(威力)을 가하지 못한다. 물론 생활은 힘들고 슬프다. 하지만 시련 때문에 소중한 것을 버리지 않을 것이고, 시련 때문에 그것이 버려지지도 않을 것이다. 풍파(風波)는 단 하나도 해치지 못했다.

    눈에 띄지 않으리
    아무도 해치지 못하게

    꽁꽁 싸매고

단단하게 닫힌
고요한
세상의 구석

살아남아서
다시
숨을 쉬는
Y의 정원

「Y의 정원」 부분

    그리고 가장 시인다운 방법으로 삶을 연속한다. 단단하고 새롭게. 마당을 훼손했다고 우리의 '품'까지 없앨 수는 없다. 모란이 없어도 감나무가 없어도, 우리는 우리의 방식을 찾아 우리를 돌보고 우리를 기를 수 있다. Y의 정원은 외부가 아닌 내부에 배치되어 있다. 괜찮다. 이국 땅의 풀과 생수병, 백열등과 작은 선풍기로 낯설고 초라한데다 하얗고 창백하다. 괜찮다. 작고 멈춘데다 낯설다. 그래도 괜찮다. 작고 약하지만 아무도 우리를 해치지 못하게 하는 '품'을 Y의 정원에서 발견한다. 단단하고 고요한 씨앗은 엄청난 우주를 준비하는 중이다. 그리고 '구석'은 그 발아(發芽)의 온상(溫床)지가 될 것이다. 제 1부의 끝을 시인은 'Y의 정원'으로 마무리한다. 'Y의 정원'에는 아무리 부수고, 해쳐도 절대 훼손할 수 없는 '품'의 생명력과 복원력이 있다. 가장 단단하며 가장 고요한 그곳에서 살아남는 것, 숨을 쉬는 것, 그리고 나를 위해, 너를 위해 정원을 가꾸는 것. 그렇게 우리 공동체는 다시 품기 시작한다. 시인은 어떤 상황에도 도망가거나 겁을 먹지 않는다. 구석에 몰려도, 상황이 슬퍼도 끄떡없다. 중요한 것들은 하나도 상하지 않았다.

제2부 겨우 맞은 아침

- 밤이다. 시인이 사랑하는 이가 휘청이며 걸어가고 있다. 길은 좁고 구부러져 있다. 얼마나 깊은지도 알 수 없는 낭떠러지가 이 길을 휘돌고 있다. 별이 하나 보였다가 보이지 않았다가 하는 시간이 반복된다.

'겨우 맞은 아침'에서 시인은 사랑하는 이가 걸어가는 아슬아슬한 길을 같이 걷는다. 낭떠러지로 떨어지지 않게 밤을 지새고, 무서워하지 않도록 노래를 부르고, 캄캄해도 어딘가에 있을지도 모를 별 하나를 찾아 눈을 부릅뜬다. 제1부의 과제 '내 목에 작은 가시가 있어'에서 그랬듯이, 시인은 이토록 무섭고 슬픈 길도 그저 걷는다. 사랑하는 이의 손을 꼭 쥐고, 몸과 마음의 중심을 사랑하는 이의 호흡에 맞춘다. 함께 걷는 한 걸음에 모두들 쏟아 넣는다. 제2부에서 시인이 스스로에게 부여한 과제는 '겨우 맞은 아침'이다. 힘겹지만 다행인 과제이다. 겨우 맞았지만 맞이했고, 이젠 '아침'이다.

물기를 잃고
툭툭
떨어져
이내

「겨울의 문턱」 부분

눈물은 역설적이게도 물기를 잃으며 시작했다. 시인은 겨울을 맞이하고 있다. 겨울은 무척 추울 것이고 시릴 것이며 외로울 것이다. 시어에 두려움이 뚝뚝 떨어진다.

저마다의
속도로
날았다 떨어지고

「겨울의 문턱」 부분

어둑해질 때까지
최선을 다해 놀던
동네 꼬마들처럼
차가워진 바람의 끝을 타고
이리
저리
몰려다닌다

「겨울의 문턱」 부분

생명이 얼어붙어 가는 시기, 겨울을 계절적 배경으로 하고 있다. 성급하게 위로부터 할 필요는 없다. 중요한 것은 '문턱', 겨울의 시작이라는 것이다. 가을의 잎들은 '각자의 시간'을 원망이나 자기연민이 없이 받아들인다. 저마다 다른 속도를 인정하며, 각자 다른 상승과 하강을 수용한다. 그래도 겨울은 걱정되고 두렵다. 시인에게는 도약할 '용감한 손'이 있다. 근원적 자아, 어린아이의 생명력으로 겨울은 놀이가 되고, 하강을 전복할 힘을 회복한다. 추운 겨울밤 바람 따위 상관없이 놀아버릴 것이다. 지금을 살아내고, 살아버릴 것이다.

> 말이 닿은 곳에서
> 흔들림이 멈춘다
>
> 「경계에서」 부분

> 모든 가능성과
> 모든 불확실성과
> 모든 미결정의 상태가
> 나를 그에게 보낸다.
>
> 「경계에서」 부분

사랑하는 이가 경계에 서 있는 것을 바라보는 마음 역시 지옥이다. 더더욱 그곳이 삶과 죽음이라는 경계라면, 시인이 서 있는 지옥은 이미 삶의 것이 아니다. 시인은 그 지옥에 기꺼이 몸을 내던질 태세다. 아직 몸을 던지지 못한 것은 지옥의 고통이 두려워서가 아니다. 사랑하는 이의 말 때문이다. 사랑하는 이는 삶을 선택했다. 시인은 더 이상 고민하지 않는다. 결정한다. 무엇이라도 하겠다. 그렇다면 이곳은 이미 경계가 아니다. 시인이 경계라고 결정하지 않았으므로. 그리고 지옥에 몸을 던지는 대신, 불안을 딛고, 가능성을 따지지 않으며, 사랑하는 이에게 통째로 자신을 보내기로 한다.

    밤새 안녕

「인사」 부분

  결정은 끝이 아니고 시작이자 고통이다. 시인은 성실하고 충실하다. 밤을 갈고 아침을 겨우 맞고 비관과 낙관을 충분히 왕복한다. 사랑하는 이의 선택에 자신을 던진 시인은, 자신의 몫을 기꺼이 수용한다. 그리고 이 말 하나면 언제든, 얼마든 반복할 준비가 되어 있다. '밤새 안녕'.

    한 뼘도 움직이지 못한 채
    운명에 깔려
    소리친다

    -작고 약한 이를 돌보소서

「기도」 부분

  그럼에도 불구하고 슬픔은 처절하고, 고통은 아프다. '운명'이라는 시어가 시인의 모든 노력과 사랑하는 이의 선택을 무력화한다. 흐릿하고 뭉뚝한 확률과 사례로 시인과 사랑하는 이가 선택한 삶이 헛되다 말한다. 여기가 가장 낮은 자세로 기도할 수 있는 바닥이라고 말한다. 더 이상 갈 데가 없다고도 한다. 하지만 시인은 그들이 말하는

'운명'을 수용하지 않는다. 시인이 수용하는 것은 '사랑'이다. 그래서 잔인한 그들의 언어 '운명'에 가장 거룩하고 단단한 기도로 응대한다. '운명'은 이미 졌다.

"엄마, 눈이 어디에요?"
"눈"
"아니, 따라 말하는 게 아니라 짚어보시라구요!"
……
"맞아요! 엄마! 잘했어요!"
「여기, 306호」부분

네 개의 침상
여덟 명의 우주
재활 병동
306호
「여기, 306호」부분

안 들리는 척하지만
다들 듣고 있으시겠지

"응."
엄마의 작은 대답에
같이 안도의 숨을 쉬시겠지.
「여기, 306호」부분

얼어붙은 가시나무 사이를 헤치며, 스치는 모든 것이 칼이 되는 시간을 지나고 있다. 그러나 이 시간도 삶이고, 일상이고, 인생임을 잊지 않는다. 생로병사(生老病死) 중 무려 세 가지나 되는 로(老), 병(病), 사(死)가 시인을 위협하지만, 웃음까지 모두 앗아가지 못한다. 일상을 모조리 부수지 못한다. 따뜻하고 경쾌하게 병상의 커튼을 넘는다. 나의 어머니를 306호의 네 개의 침상 모두 응원한다. 어떤 상황에서도 연대를 느끼고 공감을 신뢰하는 시인의 모습이 사랑스럽다.

드디어
시인이 옆에 섰다.

작은 무대에 선 듯
두근두근

뭐라도 하고 싶어
힐끗
눈을 맞춰본다.
　　　「엘리베이터 앞에서 시인을 만난 이야기」 부분

시인이 말한다.
"열심히 쓰는 거죠. 힘들어도 계속 써야해요."

아……
아!
　　　「엘리베이터 앞에서 시인을 만난 이야기」 부분

이 시는 가장 감각적으로 하강과 상승이 어우러진 시로

두 시인(시인과 곱슬머리 시인)의 우연한 만남을 노래하고 있다. 하강의 순간, 날아오르는 탄력이 몽글몽글하게 피어난다. 탄력은 따뜻함으로, 단단함으로, 웃음으로 지치지 않고 튀어 오른다. 시인이 어머니 외에 이처럼 정성스럽게 묘사한 대상이 있었나 싶을 만큼, 곱슬머리 시인을 조심스럽고 소중하게 바라보고 있다. 이는 시인이 시를 쓰는, 시와 만나는 마음이 반영되어 있다. 엘리베이터에서 구름보다 높이 퐁퐁 날아오르는 시인과 또 시인이 그려진다. 덩달아 설렌다.

나는 꽤 오래 아팠다

말을 했지만
말을 하지 않았지만

들었지만
난 듣지 않았다.
「내가 나를」 부분

나는 내가 가엽고
나는 나를 돌보고
나는 나를 사랑한다

해가 뜨는 것만큼 자연스럽고
해가 지는 것만큼 아련하다
「내가 나를」 부분

여기저기 파편화되고 흩어져 있는 나를 발견한다. '나'

의 우주는 '나들'의 '우주들'로 각자 돌아가고 있다. 아픈 나도 각자, 말하는 나도 각자, 듣는 나도 각자, 말을 하지 않는 나도 각자 돌아가고 있다. 시인은 흩어져 있는 '나'들을 주섬주섬 손안에 모아서 온기로 엮는다. 자신을 돌보고 자신을 사랑하는 일이 자연스러워지기까지 시간은 걸렸지만 부서지지는 않았다. 나로부터의 온기만으로도 회복하기에 충분하다. 그리고 해가 지고 해가 뜨는 것만큼, 당연하게 스스로를 사랑할 것이다. 제2부 '겨우 맞은 아침'에는 달콤한 입술이나 간질간질한 속삭임은 없다. 그럼에도 시집을 덮고 나면 뜨거운 눈물이 고이고, 돌보고 싶은 본능이 꿈틀댄다. 두 팔을 넉넉하게 벌려 사랑하는 내 사람을 따뜻하게 안아 주고 싶어진다.

『심장이 먼저 달려왔다』는 분노와 슬픔의 시이다. 시 안에 혹은 시 밖으로 떠다니는 분노와 슬픔의 시어들은 어느덧 그것에 무뎌진 우리의 감각을 깨운다. 시인은 쉽게 분노와 슬픔을 털어버리지 않는다. 오히려 분노와 슬픔을 힘 있게 지속한다. 그리고 너의 어깨를 감싸고 우리의 안녕을 지켜주는 삶을 설레는 마음으로 꿈꾼다. 그 어떤 것에도 불구하고 우리가 살아내는 힘, 사랑이 범람한다. 그렇게 하강의 순간, 날아오른다

| 그림시 해설 |

유예를 위한 그림

윤정은

 어려운 질문 앞에서 맴맴 거리다 성급히 뒷장의 해설지를 넘기는 사람에게 이 그림시집은 유예를 위한 것이었다. 나와 내 그리고 우리 곁에서 오랫동안 머물던 시인의 마음과 여름에도 겨울에도 내내 오랫동안 맴맴 울던 우리의 모습이 순간 포착되어 있는데, 단순히 시의 해설을 위한 삽화가 아니라 다시 시로 되돌아가 까닭을 되집어 보고 싶게 한다.
 그림시집 『눈물이 자리를 잡고 뛰어내릴 준비를 한다』의 그림시는 시와 나란히 친절하게 자리잡고 있지 않지만 그 거리 사이에서 되돌아가고 되돌아오는 동안 배웅과 마중을 반복하는 두 사이의 마음이 느껴진다. 가고 있다. 가고 있으니 거기 있어라. 라고 말하는 마음과 기다리겠다는 이의 마음 같은 것이. 그 마음이 부러워서 Y의 정원에서, 비보호 좌회전의 길목에서 엘레베이터 앞에서 기다리고 있을 우리의 시인을 만나러 가고 싶어진다.

| 그림을 쓰다 |

5. 76. 14. 05. 비보호 좌회전
　　　　　　　비보호

5. 78. 16. 06. 해피 엔딩
　　　　　　　세상에서 가장 강한 탄력을 꿈꾸며

5. 80. 20. 07. 너 // 나
　　　　　　　경계를 넘으려 애써 보지만

3. 82. 22. 08. 극기의 시간
　　　　　　　연민과 공감마저
　　　　　　　칼이 될까 무서워

3. 84. 24. 09. 알고 있었다
　　　　　　　내 목에
　　　　　　　작은 가시가 있어.
　　　　　　　시간이 지날수록 더 깊이 박히는 것 같아.

5. 86. 26. 10. 또 하루
　　　　　　　깜빡
　　　　　　　깜빡
　　　　　　　공포도 계속되면 눈이 감겨

8. 88. 30. 02. 가을 밤 이야기
　　　　　　　드릉드릉드릉
　　　　　　　차가 움직이고

8. 90. 32. 01. 각자의 기억
　　　　　　　원래의 것은 오히려 희미해진다.

8. 92. 34. 03. 지연(遲延).
　　　　　　　모르겠다

8. 94. 29. 04. 지각
　　　　　　　잘 사는 줄 알았다.
　　　　　　　견딜 수 있는 줄 알았다.

5. 96. 36. 11. Y의 정원
　　　　　고요한
　　　　　세상의 구석

8. 98. 42. 12. 겨울의 문턱
　　　　　-이 계절도 지날 수 있을까?
　　　　　-꼭 지나야 해?

9. 100. 47. 13. 인사
　　　　　밤이 갈아져
　　　　　겨우 맞은 아침

9. 102. 45. 14. 경계에서
　　　　　말이
　　　　　닿은 곳에서
　　　　　흔들림이 멈춘다.

9. 104. 48. 15. 기도
　　　　　작고 약한 이를 돌보소서

9. 106. 51. 17. 안부
　　　　　괜찮아
　　　　　말하고 싶은데
　　　　　입 안에서 맴돌다가
　　　　　덩어리 채
　　　　　꿀꺽

8. 108. 53. 18. 머금
　　　　　그런데도
　　　　　너는
　　　　　　　계속
　　　　　　　　　너

8. 110. 50. 16. 인간의
　　　　　모두의
　　　　　끝의
　　　　　끝

9. 112. 55. 19. 여기, 306호
　　　　　　　내 목소리도
　　　　　　　커튼을 넘겠지

9. 114. 58. 20. 엘리베이터 앞에서 시인을 만난 이야기
　　　　　　　어느새
　　　　　　　날아오른다.

8. 116. 63. 21. 내가 나를
　　　　　　　말을 했지만
　　　　　　　말을 하지 않았지만
　　　　　　　들었지만
　　　　　　　난 듣지 않았다

3. 118. 67. 22. 사물함
　　　　　　　잠기지 않아서
　　　　　　　열리지도 않는

심장이 먼저 달려왔다

초판 1쇄 발행 | 2024년 11월 1일
글/그림 신승은
책임 편집 | 신승은
디자인 | 신승은
펴낸이 | 김동하
펴낸곳 | 양말기획(등록 279-69-00447)
주소 | 서울시 송파구 송파동32-1 경남레이크파크2층204호
제조국 대한민국
이메일 | h_socks@naver.com
인스타그램 | @yangmal9091, @hsocks_shinisa

인쇄 | 제책 천일문화사
종이 | 가람페이퍼

양말기획

@신승은2024
ISBN 979-11-978165-6-7

*이 책의 판권은 지은이와 양말기획에 있습니다. 이 책 내용의 전부 또는 일부를 재사용하려면 반드시 양측의 동의를 받아야 합니다.

* [무료글꼴] KoPubWorld바탕체, 카페24 고운밤,나눔고딕, KCC도담도담체, [유료글꼴] porong font by 슬로마인드 darong font by 슬로마인드를 사용하여 제작하였습니다.